ÉTUDE D'HYGIÈNE LOCALE.

DE LA

MORTALITÉ DES ENFANTS DU PREMIER AGE

DANS LA VILLE DE LILLE,

DE SES CAUSES ET DES MOYENS D'Y REMÉDIER.

ÉTUDE D'HYGIÈNE LOCALE.

DE LA

MORTALITÉ DES ENFANTS DU PREMIER AGE

DANS LA VILLE DE LILLE,

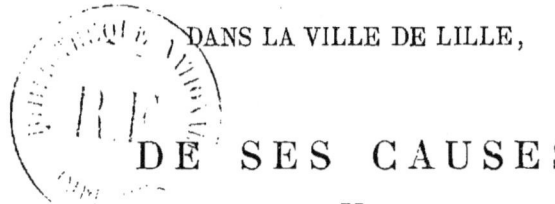

DE SES CAUSES

ET

DES MOYENS D'Y REMÉDIER,

Par le Docteur L. WINTREBERT,

Licencié ès-sciences physiques,
Membre du Conseil central d'Hygiène et de Salubrité du département du Nord,
Professeur d'hygiène à la Faculté libre de Médecine de Lille,
Médecin du Dispensaire St-Raphaël (maladies des enfants)

LILLE,

IMPRIMERIE L. DANEL.

1879.

ÉTUDE D'HYGIENE LOCALE.

DE LA MORTALITÉ DES ENFANTS DU PREMIER AGE

DANS LA VILLE DE LILLE,

DE SES CAUSES ET DES MOYENS D'Y REMÉDIER.

Nous appelons *enfants du premier âge* ceux qui ont moins de deux ans.

Le premier âge, c'est donc la période qui suit immédiatement la naissance, c'est la période de la première dentition, du sevrage, c'est celle où l'enfant apprend à bégayer, celle où il fait ses premiers pas.

Ces diverses transformations, ces perfectionnements qui ont pour siége l'organisme, ne peuvent s'accomplir sans que la santé de l'enfant n'en ressente quelquefois le contre-coup. Aussi le premier âge est-il l'époque la plus critique de la vie humaine. Toutes les statistiques s'accordent pour démontrer que l'homme, parvenu aux limites de la plus extrême vieillesse, n'est guère plus exposé que le nouveau-né à subir une mort prochaine.

Placé dans des conditions normales, l'enfant pourra le plus souvent résister à toutes ces épreuves, mais on comprend que toute imprudence, tout vice de régime, tout défaut de soins, de protection contre les agents extérieurs doit accroître considérablement le danger.

C'est ainsi que s'expliquent les différences si grandes que l'on remarque entre les diverses contrées, entre les diverses parties d'un même pays, et même entre les diverses habitations d'une même cité, par rapport à la mortalité des enfants du premier âge.

La recherche des causes de cette mortalité doit nécessairement conduire à les supprimer dans la mesure du possible : de là son utilité.

Dans cette étude, nous faisons connaître, d'après les registres de l'état civil, la marche de la mortalité des enfants du premier âge dans la ville de Lille et spécialement celle des enfants de moins d'un an. Nous recherchons ensuite à quelles causes principales il faut attribuer cette mortalité qui est considérable, et, comme conclusion, nous indiquons les moyens qui nous paraissent les plus propres à la ramener à ses limites naturelles.

CHAPITRE I.

DE LA MORTALITÉ DES ENFANTS DU PREMIER AGE DANS LA VILLE DE LILLE.

§ 1er. — *De la mortalité des enfants en général.*

Pour évaluer la *mortalité*, on prend ordinairement le rapport du nombre des décédés au chiffre total de la population qui les a fournis, de sorte que la mortalité des enfants de 0 à 1 an s'obtient en divisant le nombre d'enfants morts avant la fin de leur première année, par le nombre d'enfants de moins de un an qui existaient pendant cette même année.

Ce dernier nombre est difficile à déterminer, tandis que celui des naissances est facilement connu; aussi, prend-on de préférence le nombre des naissances pour deuxième terme du rapport, dans la détermination de la mortalité des enfants de 0 à 1 an.

Pour distinguer le rapport ainsi obtenu de celui qui exprime la véritable mortalité, M. Bertillon [1] le distingue sous le nom de *dîme mortuaire*.

La dîme mortuaire présente un chiffre moins élevé que la mortalité proprement dite ; ainsi, tandis que la dîme mortuaire des enfants de 0 à 1 an est en France de 17,8 %, en moyenne, la mortalité proprement dite est exprimée par 20,5 %.

Cette différence s'explique par la plus grande mortalité des enfants pendant les premières semaines de la vie. Il résulte de cette plus grande mortalité, que le nombre des enfants de 0 an à 1 an existants est toujours moindre que celui des naissances de l'année.

Ainsi que nous venons de le dire, il *meurt en France dans leur première année, environ* 20 *enfants sur* 100. Dans la deuxième année, cette mortalité diminue, mais elle est encore considérable par rapport à celle des autres âges. On peut l'évaluer à environ 6 pour %.

Suivant les localités et les circonstances, cette mortalité peut varier dans des limites très considérables ; c'est ainsi qu'elle peut s'élever jusqu'à 70 % dans la première année, pour les nouveaunés parisiens abandonnés sans contrôle au trafic des meneuses. Dans la Nièvre, le Dr Monod l'a trouvée égale à 56 pour % pour les enfants trouvés de Paris, qu'on y avait placés. Cette mortalité s'abaisse à 24 % pour ceux qui reçoivent les rares visites des inspecteurs et même à 12 et 9 % pour les nourrissons attentivement surveillés par le personnel de la Société protectrice de l'enfance.

Dans les *familles riches*, la mortalité est généralement moindre; on peut l'évaluer à environ les 3/8 de la mortalité générale, de

---

(1) Bertillon (*Dict. encycl. des Sc. médic.*, Mortalité).

telle sorte que cette dernière mortalité étant en France de 20,4 %, celle des familles aisées serait de 7,6 %.

D'après M. Bertillon, à qui nous empruntons tous ces chiffres, la mortalité de la première enfance est plus grande à la campagne qu'à la ville jusqu'au troisième mois. A partir de cet âge, la campagne commence à faire sentir son influence bienfaisante.

De ce qui précède, nous pouvons conclure avec le même auteur que toute mortalité enfantine qui dépasse 9 à 10 % de 0 à 1 an, renferme des causes contingentes de mort que peuvent supprimer ou atténuer les mesures d'hygiène actuellement en notre pouvoir.

---

§ 2. — *De la mortalité des enfants à Lille.*

A. — Mortalité annuelle.

Nos recherches s'étendent depuis 1854 jusqu'en 1878, c'est-à-dire sur une période de 24 années. Les documents nous ont fait défaut pour remonter plus loin dans le passé. Nous avons relevé pour chaque année le chiffre des naissances et celui des décès des enfants de moins de 1 an. Nous avons pu déterminer ainsi le véritable chiffre de la mortalité, ou plutôt ce que M. Bertillon appelle la *dîme mortuaire*; c'est-à-dire, le rapport du nombre des décès à celui des naissances de la même année; rapport que, pour plus de simplicité, nous désignerons désormais par le nom de *mortalité*.

Le tableau suivant qui renferme ces données permet de se rendre compte de la marche de la mortalité des enfants, de 0 à 1 an, dans la ville de Lille pendant ces 24 ans.

Tableau Nº 1.

ANNÉES.	NOMBRE DE NAISSANCES.	NOMBRE DES DÉCÈS de 0 à 1 an.	MORTALITÉ ou Rapport du nombre des Décès à celui des Naissances.
1854	2716	533	19,62 %
1855	2582	525	20,33
1856	2732	488	17,86
1857	2672	471	17,62
1858	2767	555	20,06
1859	4596	905	19,69
1860	4466	862	19,30
1861	4740	950	20,04
1862	4553	978	21,48
1863	4960	1067	21,51
1864	5074	1237	24,37
1865	5583	1240	22,21
1866	5555	1453	26,15
1867	5843	1409	24,11
1868	5667	1565	27,62
1869	5832	1262	21,63
1870	6130	1475	24,06
1871	5350	1809	33,81
1872	6286	1250	19.88
1873	5922	1323	22,34
1874	6070	1307	21,53
1875	6070	1555	25,61
1876	6004	1551	25,83
1877	5903	1314	22,26

A l'inspection de ce tableau, on voit que la mortalité des enfants de 0 à 1 an, qui oscillait entre 17,6 et 20,3 dans les années qui précèdent 1859, époque de l'agrandissement de la ville, s'élève bientôt après l'agrandissement à 21, 24, 26, 27 et même 33,81 %. Les années 1866 qui correspond à l'époque du choléra, 1868 qui fut signalée par de nombreuses entérites et surtout 1871, année de notre malheureuse guerre avec l'Allemagne, sont particulièrement désastreuses. Une seule année voit sa mortalité descendre au-dessous de 20 %, c'est l'année 1872. On s'explique cette faible mortalité relative par l'absence de toute épidémie et la faible natalité de 1871 qui diminuent le chiffre des décès, et surtout par la grande natalité de 1872 qui donne pour deuxième terme du rapport un chiffre plus élevé.

Pour rendre plus facile au lecteur l'appréciation de ces diverses oscillations de la mortalité, nous avons établi l'échelle suivante (N° 1) dans laquelle les années sont placées successivement sur la ligne horizontale ou ligne des abscisses, et où la mortalité correspondante est représentée par des lignes verticales ou ordonnées de longueurs proportionnelles. La ligne qui joint les extrémités supérieures des ordonnées forme la véritable échelle de mortalité des enfants de 0 à 1 an dans la ville de Lille pendant les 24 dernières années [1].

Cette échelle montre que la mortalité des enfants à Lille, malgré

---

(1) Dans un mémoire intéressant présenté en 1873 à la Société Industrielle, en faveur de l'établissement de caisses de secours pour les femmes en couches, M. le Dr Houzé de l'Aulnoit s'est aussi occupé de la mortalité des enfants de moins de 1 an dans la ville de Lille, et il a construit une échelle de mortalité qui ne s'accorde pas avec la nôtre. Les documents sur lesquels nous nous sommes appuyés étant officiels et pris de première main à la Mairie de Lille, où chacun peut facilement les contrôler, nous pouvons certifier leur exactitude, et, par suite, celle de notre échelle de mortalité. Entre autres, M. Houzé de l'Aulnoit donne 11,42 %, 11,32 % et 11,71 % comme chiffres de mortalité pendant les années 1863, 1864 et 1865, ce qui est tout à fait erroné.

quelques minima intéressants qui succèdent généralement aux années les plus meurtrières, a une marche ascensionnelle depuis 24 ans.

L'agrandissement, au lieu d'avoir fait diminuer cette mortalité, semble au contraire avoir favorisé son accroissement. On pourrait croire que cet accroissement doit être attribué à une plus grande mortalité des communes annexées à partir de 1859, mais l'inspection du tableau n° 1 montre que, pendant les premières années qui suivirent l'annexion, la mortalité reste à peu près stationnaire. Ce n'est qu'à partir de 1864, c'est-à-dire cinq ans après l'agrandissement, qu'elle prend un développement considérable.

Pour mieux apprécier cette augmentation croissante de la mortalité, établissons la moyenne de cinq ans en cinq ans, en mettant à part l'année 1859, qui correspond à une époque de transition, et qui, d'ailleurs, présente une mortalité moyenne.

Tableau N° 2.

ANNÉES.	NOMBRE DE NAISSANCES.	NOMBRE DE DÉCÈS de 0 à 1 an.	MOYENNE DES MORTALITÉS.
1854 à 1859	13469	2572	19,09 %
1859	4556	905	19,69
1860 à 1865	23793	5094	21,34
1865 à 1870	28480	6929	24,34
1870 à 1875	29758	7164	24,32
1875 à 1878	17977	4420	24,56

Ainsi la *mortalité à Lille*, qui était avant l'agrandissement d'environ 19 %, se maintient depuis 1864 à plus de 24 %, c'est-à-dire qu'elle *s'est accrue de plus de 5 %*.

B. — Mortalité dans les différents mois de l'année.

Nous avons pu relever le nombre des décès par mois depuis 1861 ; les chiffres que nous avons obtenus sont consignés dans le tableau suivant :

Tableau N° 3.

ANNÉE	Janvier.	Février.	Mars.	Avril.	Mai.	Juin.	Juillet.	Août.	Septembre.	Octobre.	Novembre.	Décembre.	TOTAL.
1861	98	69	83	59	54	60	74	135	106	68	78	81	960
1862	90	87	84	85	84	62	67	89	100	69	86	75	978
1863	81	94	99	81	87	91	103	139	77	72	67	76	1067
1864	117	112	96	92	86	97	105	152	122	78	75	105	1237
1865	114	92	99	89	93	130	173	93	90	101	71	95	1240
1866	108	120	117	121	93	91	170	120	184	148	94	87	1453
1867	122	77	102	104	110	74	125	179	181	102	108	125	1409
1868	97	124	99	108	145	164	231	207	130	87	82	91	1565
1869	105	94	98	96	77	77	141	162	139	107	78	88	1262
1870	120	102	116	131	112	93	145	234	130	99	89	113	1475
1871	153	161	171	152	136	150	121	233	217	98	106	111	1809
1872	94	84	96	94	101	89	105	172	165	85	82	83	1250
1873	88	117	119	122	96	108	130	195	125	83	62	78	1323
1874	100	82	138	114	87	82	125	180	121	98	77	103	1307
1875	127	93	117	116	126	124	138	218	171	118	99	108	1555
1876	123	118	117	111	78	96	153	245	169	126	116	99	1551
1877	129	117	111	104	96	108	93	117	107	72	100	160	1314
Total des 17 années.	1866	1743	1862	1779	1664	1696	2499	2870	2334	1597	1470	1678	22755

Il résulte de ce tableau que le nombre des décès est très-variable, suivant les différents mois de l'année. Le total le *plus élevé* correspond au mois d'*août*, septembre vient ensuite; puis, par ordre décroissant, juillet, janvier et mars.

Le total le *moins élevé* correspond à *novembre*, puis par ordre de croissance viennent octobre, mai, décembre, juin, février et avril.

L'échelle N° 2, dans laquelle les différents mois de chaque année étant placés successivement sur la ligne des abscisses, les ordonnées correspondantes représentent le nombre des décédés, nous fera bien saisir les variations mensuelles de la mortalité.

On voit d'après cette échelle que le nombre des décès est très-différent, suivant le mois que l'on considère. Il passe par plusieurs maxima et minima.

Le *maximum* de beaucoup le plus important, correspond à la *fin de l'été*. Sur 17 années, il se produit 12 fois au mois d'août, 3 fois en septembre, 2 fois en juillet.

Le *minimum* le plus constant répond à l'*automne*; 10 fois sur 17, il se produit en novembre, 5 fois en octobre, 2 fois en décembre.

Un *autre minimum* correspond au *printemps* : 8 fois sur 17 au mois de juin, 6 fois au mois de mai, 2 fois en avril, 1 fois en mars.

L'année commence généralement par un maximum : en effet, 10 fois sur 17, le nombre des décès est plus élevé en janvier qu'en décembre et en février; 4 fois ce maximum est reporté en février.

Ce maximum est d'ailleurs beaucoup moins important que celui qui correspond à l'été.

Ces résultats concordent assez bien avec ceux qu'a trouvés M. Bertillon pour la France en général, dans la période de **1857 à 1866**.

C. — Mortalité mensuelle comparée à la natalité mensuelle.

Il peut être intéressant de comparer le nombre des décès par mois à celui des naissances pendant le même temps. Nous avons cherché à connaître ce rapport pour les cinq dernières années. Le tableau suivant indique les résultats que nous avons obtenus.

Tableau N° 4.

MOIS.	1873.		1874.		1875.		1876.		1877.		TOTAL.		RAPPORT.
	Décès.	Naissances	Décès.	Naissances	Décès.	Naissances	Décès.	Naissances	Décès.	Naissances	Décès.	Naissances	
Janvier..	88	552	100	545	127	563	123	564	129	536	567	2760	20,54 %
Février..	117	517	82	439	93	481	118	521	117	528	527	2486	21,20
Mars.....	119	521	138	544	117	498	117	547	111	520	602	2630	22,88
Avril....	122	494	114	513	116	505	111	537	104	499	567	2548	22,25
Mai......	96	487	87	491	126	489	78	505	96	473	483	2445	19,75
Juin.....	108	471	82	507	124	499	96	457	108	439	518	2373	21,82
Juillet....	130	516	125	492	138	502	153	454	93	463	639	2427	26,31
Août.....	195	470	180	524	218	516	245	480	117	522	955	2512	38,01
Septembre	125	431	121	525	171	506	169	485	107	490	693	2437	28,47
Octobre..	83	463	98	461	118	521	126	479	72	455	497	2379	20,89
Novembre	62	486	77	508	99	486	116	475	100	481	454	2436	18,63
Décembre	78	514	103	521	108	504	99	500	160	497	548	2536	21,60

Nous déduirons de ce tableau :

1° Que le *maximum des décès* correspond, comme nous l'avons déjà dit, au mois d'*août* ; puis viennent septembre, juillet, etc. Le *minimum* à *novembre*, puis mai, octobre, etc.;

2° Que le *maximum des naissances* se produit en *janvier* ; puis viennent mars, avril, etc. Les mois où la natalité est moindre sont juin, puis octobre, juillet ;

3° Que le *rapport des décès aux naissances* est beaucoup *plus élevé en août* que dans les autres mois ; en septembre et en juillet, il reste relativement encore très-élevé. Ce rapport devient *minimum en novembre* et en mai.

Sous quelqu'aspect qu'on la considère, la mortalité du mois d'août est donc très-supérieure à celle des autres mois, de même que celle de novembre est notablement la plus faible.

L'échelle ci-contre N° 3, permet d'embrasser d'un coup-d'œil ces fluctuations de la mortalité.

D. — Mortalité par âge.

C'est surtout pendant les premiers jours de son existence que l'enfant, dont les organes ont à subir pour la première fois l'action des influences extérieures, est exposé à de nombreux accidents. Aussi la mortalité est-elle d'autant plus considérable qu'on est plus près du moment de la naissance.

Le tableau suivant nous en donne des preuves convaincantes.

Tableau N° 5.

ANNÉES.	DÉCÈS de 1 à 7 jours.	de 8 à 15 jours.	de 15 à 30 jours.	de 1 à 3 mois.	de 3 à 6 mois.	de 6 à 12 mois.	de 0 à 1 an.
1861	95	74	89	185	223	297	960
1862	94	93	88	187	201	315	978
1863	111	87	132	185	236	316	1067
1864	110	82	127	242	301	375	1237
1865	100	91	127	238	307	377	1240
1866	105	86	103	202	368	489	1453
1867	142	73	140	210	349	395	1409
1868	115	97	178	369	344	462	1565
1869	94	54	126	295	299	394	1262
1870	99	109	153	369	317	428	1475
TOTAL...	1065	843	1263	2682	2945	3848	12646
Rapport de chaque total partiel au total général.	8,42 %	6,66 %	10 %	21,20 %	23,29 %	30,42 %	100 %

Ainsi 8,42 %, c'est-à-dire *plus du douzième* des enfants qui ne voient pas la fin de leur première année, *meurent dans la première semaine* de leur existence.

A la fin de la deuxième semaine, ce chiffre s'élève à 15 % (8,42 + 6,60 %).

Un *quart des décédés* n'atteignent pas leur *premier mois* (1) : près de *la moitié* (46,28 %) meurent avant l'âge de trois mois.

Enfin, 70 % n'arrivent pas à 6 mois.

---

(1) D'après M. Bertillon, en moyenne, dans toute la France, 40 % des enfants légitimes, et 50 % des illégitimes, qui meurent dans leur première année, n'atteignent pas leur premier mois.

E. — Mortalité par état civil.

L'état civil des nouveau-nés a aussi une influence considérable sur les chances de vie qu'ils présentent ; partout on remarque, en effet, que la mortalité des enfants illégitimes est beaucoup plus considérable que celle des enfants légitimes.

Le tableau ci-contre (N° 6) indique quel est à Lille, depuis 1861 jusqu'à 1870, le nombre de décès des enfants légitimes et des enfants naturels de moins de 1 an aux différentes périodes de leur existence.

Il résulte de ce tableau :

1° Que de 1860 à 1870, le *rapport de la natalité illégitime à la natalité légitime est de* 24,69 °/₀.

2° Que la *mortalité des enfants illégitimes est beaucoup plus élevée que celle des enfants légitimes* ; le rapport du nombre de décès des enfants illégitimes à celui des enfants légitimes étant en moyenne de 38,29 °/₀ au lieu de 24,69 °/₀, chiffre proportionnel à celui des naissances.

3° Que cette mortalité est surtout plus considérable dans les premières semaines qui suivent la naissance, et surtout dans la deuxième où le rapport s'élève à 58,25 °/₀, la première donnant 43,33 °/₀, la troisième et la quatrième 48,93 °/₀, le deuxième et le troisième mois 46,49 °/₀.

4° Que cette mortalité des enfants illégitimes, quoique toujours supérieure à celles des enfants légitimes, s'en rapproche beaucoup à partir du sixième mois ; le rapport du nombre de décédés de chaque catégorie étant alors égal à 28,68 °/₀.

Le nombre des enfants illégitimes étant environ le quart

Tableau N° 6.

ANNÉES.	DÉCÈS de 1 à 7 jours.		de 8 à 15 jours.		de 15 à 30 jours.		de 1 à 3 mois.		de 3 à 6 mois.		de 6 à 12 mois.		de 0 à 1 an.		TOTAL.	NATALITÉ.	
	Légi-times.	Illégi-times.	Légi-times.	Illégi-times.	Légi-times.	Illégi-times.	Légi-times.	Illégi-times.	Légi-times.	Illégi-times.	Légi-times.	Illégi-times.	Légi-times.	Illégi-times.		Légitimes.	Illégitimes.
1861	65	30	47	24	59	30	134	51	177	46	225	72	707	253	960	3882	858
1862	65	29	42	51	49	39	136	51	157	44	266	49	715	263	978	3695	858
1863	64	47	49	38	93	39	125	60	174	62	254	62	759	308	1067	4016	944
1864	73	37	55	27	86	44	170	72	225	76	297	78	906	334	1237	4141	963
1865	75	25	56	35	84	43	164	74	220	87	306	71	905	335	1240	4445	1138
1866	75	30	60	26	62	41	198	104	271	97	397	92	1063	390	1453	4477	1078
1867	106	36	53	20	90	50	196	120	226	123	314	84	976	433	1409	4581	1262
1868	86	29	65	32	114	64	244	125	248	96	374	88	1131	434	1565	4512	1455
1869	67	27	37	17	97	29	205	90	204	98	300	94	907	355	1262	4646	1216
1870	67	32	75	34	114	39	258	111	223	94	338	90	1075	400	1475	4841	1289
TOTAL	743	322	539	304	848	415	1824	858	2122	823	3068	780	9144	3502	12646	43176	10761
Rapport des illégitimes aux légitimes.	43,33 %		56,25		48,93		45,49		38,78		28,68		38,29		Rapport des naissances illégitimes aux légitimes.	24,69 %	

24,69 %) de celui des enfants légitimes, on peut dire en d'autres termes :

1° Que la mortalité des enfants illégitimes de 0 à 1 an est en moyenne les $38,29 \times 4$ ou les $\frac{153}{100}$ de celle des enfants légitimes.

2° Que dans la deuxième semaine de la vie, cette mortalité atteint les $58,25 \times 4$ ou les $\frac{233}{100}$ de celle des enfants légitimes.

Ces chiffres, quoiqu'énormes, sont inférieurs à ceux qu'indique M. Bertillon, pour la mortalité comparée des enfants illégitimes et des légitimes dans les villes, et qui sont $\frac{193}{100}$ dans la première semaine et $\frac{289}{100}$ dans la deuxième semaine.

Le tableau suivant (N° 7) nous montre que de 1870 à 1878, l'état des choses ne s'est guère amélioré.

Il résulte en effet de ce tableau :

1° Que de 1870 à 1878 le *rapport moyen annuel de la natalité illégitime à la natalité légitime* est de 25,28 %, c'est-à-dire, qu'il dépasse de 0,58 % celui des dix années précédentes.

2° Que de 38,29 %, le *rapport moyen annuel du nombre des décès d'enfants illégitimes à celui des enfants légitimes* s'est élevé à plus de 40 %, c'est-à-dire, à 40×4 ou $\frac{160}{100}$ à nombre égal de naissances.

3° Que, pendant cette même période, ce rapport s'est élevé pour la deuxième semaine à 60 %, c'est-à-dire à 60×4, ou $\frac{240}{100}$ à nombre égal de naissances.

Donc à Lille comme partout, la mortalité des enfants illégitimes est beaucoup plus considérable que celle des enfants légitimes.

De tout ce qui précède nous pouvons conclure :

1° Que la mortalité des enfants de moins de 1 an a suivi à Lille une marche ascendante depuis 1854.

— 21 —

Tableau N° 7.

ANNÉES.	DÉCÈS de 1 à 7 jours.		de 8 à 15 jours.		de 15 à 30 jours.		de 1 à 3 mois.		de 3 à 6 mois.		de 6 à 12 mois.		de 0 à 1 an.		TOTAL.	NATALITÉ.	
	Légi-times.	Illégi-times.	Légi-times.	Illégi-times.	Légi-times.	Illégi-times.	Légi-times.	Illégi-times.	Légi-times.	Illégi-times.	Légi-times.	Illégi-times.	Légi-times.	Illégi-times.		Légitimes.	Illégitimes.
1870	67	32	75	34	114	39	258	114	223	94	338	90	1075	400	1475	4844	1289
1871	65	46	55	41	122	44	230	113	298	137	525	136	1295	514	1809	4263	1087
1872	53	34	48	28	94	54	194	102	235	80	268	60	892	358	1250	5099	1187
1873	84	28	40	34	82	51	188	86	210	94	360	66	964	359	1323	4694	1228
1874	60	50	43	49	73	38	204	134	227	91	294	72	903	404	1307	4860	1240
1875	75	46	58	30	78	44	238	149	245	146	410	96	1404	451	1555	4834	1239
1876	72	28	59	45	68	38	236	95	286	122	385	147	1106	445	1554	4830	1174
1877	82	30	45	28	66	28	200	103	196	88	340	108	929	385	1314	4682	1221
TOTAL	558	294	425	259	697	333	1748	863	1920	822	2920	745	8268	3316	11584	38400	9635
Rapport des illégitimes aux légitimes.	52,68 %		60,94		47,77		49,37		42,81		25,51		40,40		Rapport des naissances illégitimes aux légitimes.	25,28 %	

2° Que depuis l'agrandissement de la ville, cette mortalité s'est notablement accrue, sans qu'on puisse attribuer ce résultat à la plus grande mortalité des communes annexées ; puisque cet accroissement ne s'est produit d'une manière sensible que plusieurs années après l'annexion.

3° Que cette mortalité ne se répartit pas d'une manière uniforme sur tous les mois de l'année, mais qu'elle passe par divers maxima et minima.

4° Que le maximum de mortalité, de beaucoup le plus important, se produit pendant la saison d'été et presque toujours en août. Le minimum principal correspond à l'automne et surtout au mois de novembre.

5° Que pendant les trois dernières années, près du quart des enfants qui sont nés à Lille n'ont pas atteint la fin de leur première année, la moyenne de la mortalité étant **24,5** %, chiffre énorme si on le compare à la mortalité moyenne de la France entière qui n'est que **17,8** %.

6° Que cette grande mortalité frappe surtout les nouveau-nés : le quart des enfants qui meurent dans leur première année n'atteignant pas leur premier mois.

7° Que les enfants illégitimes sont beaucoup plus exposés que les enfants légitimes à un décès prématuré, surtout dans la deuxième semaine de leur existence.

La mortalité à Lille des enfants de moins d'un an étant d'environ 7 % plus élevée que la mortalité moyenne de la France entière, il résulte de là, que sur **100** enfants qui naissent à Lille, il en meurt chaque année 7 de plus que l'indique la moyenne pour la France ; de sorte que *sur les* **6,000** *enfants qui naissent annuellement à Lille*, **420** *sont sacrifiés à des causes particulières, à des causes locales* qu'il s'agit de déterminer.

CHAPITRE II.

DES CAUSES QUI RENDENT CONSIDÉRABLE LA MORTALITÉ DES ENFANTS DU PREMIER AGE A LILLE.

§ 1er. — *Causes de décès d'après les statistiques des médecins de l'état-civil.*

Si nous consultons les statistiques qui ont été établies à Lille, d'après les attestations des médecins de l'État-civil, sur les causes de décès, nous trouverons rangés dans 5 catégories principales les maladies qui atteignent les enfants du premier âge.

Ce sont : 1° *Les affections des centres nerveux* (méningites, convulsions);

2° *Les affections des organes respiratoires* (bronchite, pneumonie, coqueluche, etc.);

3° *Les affections des organes digestifs* (diarrhée, entérite, etc.);

4° *Les fièvres éruptives* (variole, rougeole, scarlatine);

5° *La débilité et les diathèses* (scrofule, etc.).

Ces statistiques seraient précieuses si elles pouvaient être vraies; malheureusement il n'en est pas ainsi. Le médecin appelé à constater un décès n'a souvent pour indice des causes de la mort que les renseignements fournis par les parents et son appréciation personnelle *post-mortem*. On conçoit que cela ne suffise pas pour établir une statistique médicale sérieuse. Nous ne trouvons qu'un seul moyen de la rendre exacte; ce serait d'obliger les parents à joindre à leur déclaration de décès, le certificat du médecin qui a soigné le malade et de n'admettre la déclaration qu'à cette condition. L'employé de l'état-civil inscrirait sur le procès-verbal la maladie indiquée, avant de remettre ce procès-verbal au médecin chargé de la constatation du décès. Nous conseillerions, dans l'intérêt de la protection des enfants du premier âge, de faire ajouter par le médecin de la famille, le régime auquel l'enfant a été soumis; s'il a été élevé au sein, au biberon ou par tous autres moyens.

Sous la réserve de ces observations, voici [1] la statistique des causes principales de décès pour les enfants de moins de 1 an, de 1853 à 1858, c'est-à-dire, pendant les années qui précèdent immédiatement l'agrandissement de la ville :

Tableau N° 8.

ANNÉES.	Affections des centres nerveux.	Affections des organes respiratoires.	Affections des organes digestifs.	Fièvres éruptives.	Débilité, Diathèses.	TOTAL des Décès de 0 à 1 an.
1853	124	69	111	4	123	443
1854	135	93	130	47	119	533
1855	166	59	134	13	137	525
1857	120	93	127	8	113	471
1858	127	131	129	20	146	555
TOTAL.	672	445	631	92	638	2527
Rapport au total général.	26,59 %	17,6 %	24,96 %	3,64 %	25,24 %	

1: D'après le Dr Chrestien

Ainsi, de 1853 à 1858, parmi les enfants qui n'ont pas vu la fin de leur première année :

Un peu plus de 1/4 ont succombé à des affections des centres nerveux ;

Environ 1/4 à des affections des organes digestifs;

       1/4 par suite de débilité constitutionnelle ou de diathèses ;
       1/6 par suite d'affections des organes respiratoires ;
       1/30 à la suite de fièvres éruptives.

De 1860 à 1865, après l'agrandissement de la ville, les mêmes statistiques nous donnent :

Tableau N° 9.

ANNÉES.	Affections des centres nerveux.	Affections des organes respiratoires.	Affections des organes digestifs.	Fièvres éruptives.	Débilité, Diathèses.	TOTAL des Décès de 0 à 1 an.
1860	158	267	287	25	113	862
1861	191	170	363	5	194	950
1862	162	196	411	40	178	978
1864	259	229	434	55	208	1067
1865	221	182	376	74	248	1237
TOTAL.	991	1044	1871	199	941	5094
Rapport au total général.	19,45 %	20,49 %	36,72 %	3,96 %	18,47 %	

On voit que pendant cette seconde période :

Plus du 1/3 des décès sont attribués aux affections gastro-intestinales.

Près de 1/5 aux affections des centres nerveux.

Un peu plus de 1/5 aux affections des organes respiratoires.
Moins de 1/5 à la débilité.
— 1/25 aux fièvres éruptives.

Les affections gastro-intestinales auraient donc augmenté notablement de fréquence depuis l'annexion.

De 1872 à 1877, nous trouvons les chiffres suivants :

Tableau N° 10.

ANNÉES.	Affections des centres nerveux.	Affections des organes respiratoires.	Affections des organes digestifs.	Fièvres éruptives.	Débilité, Diathèses.	TOTAL des Décès de 0 à 1 an.
1872	165	245	503	26	257	1250
1873	177	204	605	59	247	1323
1874	145	218	699	17	188	1307
1875	190	284	734	48	200	1555
1876	150	266	683	111	290	1551
1877	154	183	453	168	316	1314
TOTAL.	984	1400	3677	429	1468	8300
Rapport au total général.	11,82 %	16,86 %	44,30 %	5,07 %	17,68 %	

Ainsi dans cette dernière période :

Près de 1/2 des enfants (44,3 %) seraient morts par suite d'affections gastro-intestinales.

1/6 par suite d'affections des organes respiratoires.
Un peu plus de 1/6 par suite de débilité.
1/8 par suite d'affections des centres nerveux.
Et enfin 1/20 par suite de fièvres éruptives.

Il semblerait donc qu'à Lille le nombre des décès causés par les affections des organes digestifs (diarrhée, entérite), s'accroît de plus en plus.

Pour les *enfants de 1 à 2 ans*, nous trouvons, de 1860 à 1865 :

Tableau N° 11.

ANNÉES.	Affections des centres nerveux.	Affections des organes respiratoires.	Affections des organes digestifs.	Fièvres éruptives.	Débilité, Diathèses.	TOTAL des Décès de 1 à 2 ans.
1860	108	130	85	59	16	403
1861	115	119	65	6	15	327
1862	192	131	49	40	14	481
1864	127	169	86	56	23	469
1865	113	117	83	44	21	389
TOTAL.	655	666	368	205	89	2069
Rapport au total général.	31,65 %	32,18 %	17,78 %	9,90 %	4,30 %	

C'est-à-dire que, pour les enfants de 1 à 2 ans :

Près de 1/3 *des décès* reconnaissent pour cause des *affections des centres nerveux* ;

1/3 *des affections des organes respiratoires* ;

1/6 seulement, *des affections gastro-intestinales* ;

1/10, *les fièvres éruptives.*

De ce qui précède nous pouvons conclure :

1° Que *pendant la première année de la vie, les affections gastro-intestinales sont de beaucoup les plus meurtrières.*

2° Que *dans la deuxième année ce sont les affections des organes respiratoires et des centres nerveux* qui constituent la principale cause de mortalité.

---

§ 2. — *Des causes de décès d'après les statistiques faites en vue de la protection des enfants du premier âge.*

Depuis cette année, pour se conformer à la loi du 23 décembre 1874, il est établi dans chaque Mairie une statistique où les décès des enfants de 0 à 2 ans sont rangés en diverses catégories suivant le genre d'alimentation. Dans cette statistique nous trouvons qu'il existait à Lille, en janvier 1877 : 8,386 enfants de 0 à 2 ans,

  dont 5,088 élevés au sein,
   1,531 — au biberon,
   1,539 — par d'autres moyens (potages),
   228 mis en sevrage ou en garde.

En 1877, il est né 5,903 enfants,

  dont 3,753 ont été élevés au sein,
   1,009 — au biberon,
   978 — par d'autres moyens,
   163 mis en sevrage ou en garde.

De ces deux séries d'enfants, il en est mort un certain nombre, d'autres ont dépassé l'âge de deux ans, de sorte que, à la fin de 1877, on comptait à Lille 8,354 enfants de 0 à 2 ans,

  dont 5,074 élevés au sein,
   1,506 — au biberon,
   1,528 — par d'autres moyens,
   246 mis en sevrage ou en garde.

Or, de tous ces enfants, il en est mort dans l'année :

927 de 0 à 1 an 1,067 de 0 à 2 ans de ceux élevés au sein,
320 — 365 — — au biberon,
40 — 249 — — par d'autres moyens,
60 — 99 — de ceux mis en sevrage.

Le nombre d'enfants de 0 à 2 ans qui existaient au commencement de 1877, étant d'après cette statistique sensiblement le même que celui trouvé pour la fin de cette même année, nous pouvons prendre comme chiffres normaux ceux de janvier 1877.

La mortalité des enfants de 0 à 2 ans, serait alors :

Pour ceux élevés au sein . . . . $\frac{1067}{5088}$ = 18,12 %
— au biberon. . . . . . $\frac{365}{1531}$ = 23,84 %
— par d'autres moyens . . $\frac{249}{1539}$ = 17,51 %
Pour ceux mis en sevrage . . . . $\frac{99}{228}$ = 43,42 %

d'où cette singulière conclusion que les enfants dont la mortalité est moindre, seraient ceux qui n'ont pour nourriture ni le sein, ni le biberon. Ce résultat s'accentue encore davantage, et devient tout-à-fait absurde, si on considère seulement les enfants de 0 à 1 an ; en effet, la mortalité devient alors, en prenant le rapport des décès aux naissances de 1877 :

Pour les enfants élevés au sein . . . . . . $\frac{927}{3753}$ = 24,70 %
— au biberon. . . . . $\frac{320}{1009}$ = 31,71 %
— par d'autres moyens. $\frac{40}{978}$ = 4,09 %
Pour les enfants mis en sevrage . . . . . . $\frac{60}{163}$ = 36,80 %

De sorte que *la mortalité des enfants élevés au sein étant de 24,70 %, celle des enfants élevés au petit pot serait seulement 4,09 %* ; résultat impossible, et qui est contredit par l'expérience de tous les jours.

On s'explique facilement l'erreur, si l'on remarque que cette statistique, faite d'ailleurs avec un soin scrupuleux, ne repose que sur les dires des parents. L'enfant vivant, les parents disent facilement la vérité sur la manière dont ils l'élèvent ; mais s'il meurt, peu d'entre eux avoueront qu'ils l'ont gorgé de soupes, ils craindront trop les reproches et même les châtiments, surtout si celui qui leur demande ce renseignement est un employé de la police. C'est ainsi que quand on trouve 1,539 enfants de 0 à 1 an nourris au petit pot ou à la soupe, ces enfants ne fournissent dans l'année que 40 décès. On peut dire aussi que beaucoup d'enfants élevés au sein jusqu'à six mois ou environ, commencent dès lors à prendre des potages et sont inscrits comme nourris par d'autres moyens que le sein et le biberon ; mais si un enfant soumis à ce régime vient à mourir, la mère affirmera avec raison qu'il a été élevé au sein.

La statistique faite en vue de la protection des enfants du premier âge est donc fautive et ne peut aucunement nous éclairer sur les causes de la mortalité de ces enfants.

Cette statistique n'acquerra de valeur réelle que le jour où les dires des parents seront soumis à un contrôle intelligent et sévère.

---

§ 3. — *Des causes de décès au point de vue hygiénique.*

A. — Influence de la misère.

Un coup d'œil jeté sur le tableau N° 1 nous montre que depuis 24 ans l'année de beaucoup la plus funeste aux enfants de 1 an a été l'année 1871. Pendant sa durée, en effet, la mortalité de 24,06 % qu'elle était en 1870, s'est élevée à 33,81 %. Or, à part la variole, qui n'a pas fait de bien nombreuses victimes parmi les enfants, aucune épidémie ne s'est manifestée à cette époque. La misère et, par suite, l'alimentation insuffisante, les privations de toute nature imposées aux mères par la dure nécessité, peuvent seules, avec les émotions morales et la rigueur du froid, rendre compte de l'énorme mortalité qui s'est produite pendant cette malheureuse année.

La misère est, en effet, une des causes les plus puissantes d'affaiblissement pour les enfants comme pour les personnes plus âgées.

En 1847, un médecin de Lille, dont la science et l'humanité ont conservé le souvenir, le docteur Gosselet, eut l'idée de rechercher quelle était, au point de vue de la mortalité des enfants de 0 à 5 ans, l'influence de la misère; et, pour s'en rendre compte, il détermina le nombre de décès d'enfants de cet âge dans différentes rues de la ville, pendant un certain temps, et le compara au chiffre des naissances qui s'étaient produites dans les mêmes rues, pendant le même temps.

Les rues choisies étaient l'une : la rue Royale habitée dans une portion notable de son étendue par des familles généralement favorisées des dons de la fortune; les autres : les rues des Robleds, de la Vignette, des Étaques, peuplées d'ouvriers pour la plupart employés dans les fabriques. Il put constater ainsi une inégalité effrayante dans la distribution de la mortalité.

Ses recherches comprirent une durée de 18 mois : de janvier 1846 à juillet 1847. Le tableau suivant résume les résultats auxquels il est arrivé.

Tableau N° 12.

RUES.	De janvier 1846 à juillet 1847.		RAPPORT DES DÉCÈS aux NAISSANCES.
	DÉCÈS de 0 à 5 ans.	NOMBRE DE NAISSANCES.	
Rue Royale.	9	31	29 %
» des Robleds . .	20	37	54 %
» de la Vignette .	41	70	58,5 %
» des Étaques . .	46	48	95,8 %

— 32 —

D'où cette conclusion que, dans la rue des Étaques, sur 100 enfants il en mourait plus de 95 avant cinq ans ; ou, ce qui revient au même, sur 25 enfants, à peine un seul pouvait atteindre sa cinquième année.

Émue de cette révélation, la Société de médecine fit contrôler ces résultats par une Commission qui eut pour rapporteur le Dr Godefroid.

Cette Commission fit porter ses recherches sur une durée de 5 années 1/2, de janvier 1842 à juillet 1847. Voici les chiffres qu'elle obtint :

Tableau N° 13.

ANNÉES.	RUE ROYALE.		RUE DES ROBLEDS.		RUE DE LA VIGNETTE.		RUE DES ÉTAQUES.	
	Naissances.	Décès.	Naissances.	Décès.	Naissances.	Décès.	Naissances.	Décès.
1842	21	5	28	16	41	15	38	27
1843	15	4	31	19	41	10	35	22
1844	18	4	21	9	32	13	38	20
1845	15	2	38	14	39	15	36	11
1846	20	4	23	10	43	21	33	22
1847 (1er semestre).	11	5	14	10	27	20	17	24
TOTAL	100	24	155	78	223	94	197	126
RAPPORT	24 %		50,32 %		42,15 %		63,96 %	

En comparant la somme des décès pour les cinq années et demie à celle des naissances, nous obtenons pour la mortalité dans la rue Royale 24 %, dans la rue des Robleds 50,32 %, pour la rue de la Vignette 42,15 %, pour la rue des Étaques 63,96 %.

La Commission procéda d'une autre manière, elle détermina d'abord la mortalité pour chaque année, et prit ensuite la moyenne de ces mortalités. Elle trouva ainsi pour la rue Royale 25,17 %, pour la rue des Robleds 52,1 %, pour la rue de la Vignette 55,1 % et pour la rue des Étaques 75,6 %.

Ces chiffres s'éloignent sensiblement de ceux trouvés par M. Gosselet; l'épidémie de rougeole, qui fit parmi les enfants de nombreuses victimes en 1847, explique cette différence. Quoiqu'il en soit, nous pouvons conclure de ces recherches que de janvier 1842 à juillet 1847, le chiffre des décès des enfants de 0 à 5 ans était de 24 pour 100 naissances dans la rue Royale, de 64 pour 100 naissances dans la rue des Étaques; de 42 pour 100 dans la rue de la Vignette; de 50 pour 100 dans la rue des Robleds; ou ce qui revient au même, que la mortalité dans la rue Royale était les $\frac{24}{64}$ ou les $\frac{3}{8}$ de celle de la rue des Étaques, les $\frac{24}{42}$ ou les $\frac{4}{7}$ de celle de la rue de la Vignette, et enfin les $\frac{24}{50}$ ou les $\frac{12}{25}$ de celle de la rue des Robleds.

Depuis cette époque, trente ans se sont écoulés, la ville s'est agrandie, l'air et la lumière y pénètrent de tous côtés par de larges boulevards; le trop plein des habitations du vieux Lille a pu se déverser dans les quartiers neufs. Dans ces conditions nouvelles, il nous a paru intéressant de rechercher si la mortalité des enfants dans les rues où se presse la population ouvrière, est encore aussi considérable qu'en 1847, par rapport à celles qu'habitent les privilégiés de la fortune.

Aux rues de l'ancienne ville qui avaient servi de termes de comparaison à M. Gosselet, nous avons ajouté deux rues de la nouvelle ville : la rue Beauharnais, généralement habitée par des familles vivant dans l'aisance, et la rue de Juliers, l'une des plus populeuses de celles des communes annexées.

Le tableau suivant indique les chiffres obtenus en relevant avec un soin scrupuleux les naissances et les décès de chacune de ces rues pendant les cinq dernières années ([1]).

([1]) C'est-à-dire en passant en revue plus de 50,000 actes de naissances ou de décès.

Tableau N° 14.

ANNÉES.	RUE ROYALE.		RUE DES ROBLEDS.		RUE DE LA VIGNETTE.		RUE DES ETAQUES.		RUE BEAUHARNAIS.		RUE DE JULIERS.	
	Naissances.	Décès, de 0 à 5 ans.	Naissances.	Décès, de 0 à 5 ans.	Naissances.	Décès, de 0 à 5 ans.	Naissances.	Décès, de 0 à 5 ans.	Naissances.	Décès, de 0 à 5 ans.	Naissances.	Décès, de 0 à 5 ans.
1873	19	4	46	11	47	18	44	17	18	4	109	52
1874	18	4	43	16	45	22	44	23	12	3	108	42
1875	13	2	37	15	44	27	51	30	20	4	85	44
1876	10	1	48	20	50	19	32	40	18	3	95	53
1877	9	1	48	16	47	17	38	23	17	4	88	66
TOTAL....	69	12	222	78	233	103	209	133	85	18	485	257
Rapport des Décès aux Naissances.	17,39 %		35,13 %		44,20 %		64,11 %		21,17 %		52,98 %	

Si pour comparer dans des conditions plus égales l'état actuel à celui d'il y a trente ans, nous prenons les 5 années de 1842 à 1847, en laissant de côté les 6 mois de 1847 qui entrent dans le relevé de la Commission et qui correspondent à une épidémie meurtrière, c'est-à-dire à un état anormal, nous trouverons pour ces 5 années :

Tableau N° 15.

ANNÉES.	RUE ROYALE.		RUE DES ROBLEDS.		RUE DE LA VIGNETTE.		RUE DES ETAQUES.	
	Naissances.	Décès.	Naissances.	Décès.	Naissances.	Décès.	Naissances.	Décès.
1842	21	5	28	16	41	15	38	27
1843	15	4	31	19	41	10	35	22
1844	18	4	21	9	32	13	38	20
1845	15	2	38	14	39	15	36	11
1846	20	4	23	10	43	21	33	22
TOTAL	89	19	141	68	196	74	180	102
Rapport des Décès aux Naissances.	21,34 %		48,22 %		37,75 %		56,66 %	

Nous pouvons tirer de ces tableaux les conclusions suivantes :

1° A part la rue Royale, dont la natalité est devenue moindre, ainsi que la mortalité, *le nombre des naissances et celui des décès*, et par suite celui de la population, loin de diminuer, *n'ont fait qu'augmenter depuis 1847*. De telle sorte que si on jugeait par la rue Royale et les rues des Robleds, de la Vignette et des Étaques, de ce qui a dû se passer par toute la ville, on pourrait dire que *la densité de la population loin de diminuer dans les quartiers pauvres à la suite de l'agrandissement, s'y est au contraire augmentée*. La diminution ne se serait produite que dans les rues habitées par les familles qui vivent dans l'aisance ;

2° Depuis trente ans, la *mortalité des enfants de 5 ans* a passé de 21,34 % à 17,39 % dans la rue Royale ; de 48,11 % à 35,13 % dans la rue des Robleds. Elle *s'est donc notablement amoindrie pour ces deux rues* ; au contraire, *elle est devenue plus considérable pour les autres*, puisqu'elle s'est élevée de 37,75 % à 44,20 dans la rue de la Vignette et de 56,66 % à 64,11 % dans la rue des Étaques.

Cette dernière rue a donc le triste privilège de rester au premier rang pour la mortalité des enfants. On peut dire que sur 3 enfants qui y naissent, il en meurt deux avant l'âge de cinq ans.

3° En prenant la moyenne des mortalités obtenues pour les rues des Robleds, de la Vignette et des Étaques, nous trouvons cette moyenne égale à 47,81 %. En y comparant la mortalité de la rue Royale qui est égale à 17,39 %, nous obtiendrons le rapport $\frac{17.39}{47.81} = \frac{4}{11}$ environ, c'est-à-dire, *qu'à nombre égal d'enfants de 0 à 5 ans, il en meurt 11 dans les rues précitées quand il en meurt 4 dans la rue Royale*.

Par rapport à la mortalité de la rue des Étaques, celle de la rue Royale est $\frac{17.39}{64.11} = \frac{3}{11}$ environ. Ce rapport était $\frac{3}{8}$ en 1847. La différence de mortalité a donc augmenté d'une façon notable depuis trente ans.

4° Dans la rue Beauharnais, et la rue de Juliers qui appartiennent à la nouvelle ville et aux communes annexées, nous voyons s'accuser des différences de mortalité comparables à celles de l'ancienne ville. En effet, *tandis que la mortalité n'est que de* 21,17 % *dans la rue Beauharnais, elle s'élève à* 52,98 % *dans la rue de Juliers.*

La mortalité de la rue Beauharnais pour les enfants de moins de 5 ans n'est donc que les $\frac{21.17}{52.98}$ ou environ les $\frac{2}{5}$ de celle de la rue de Juliers.

Donc, *à Lille*, pour les enfants de moins de 5 ans, la *mortalité est d'autant plus grande que la population que l'on considère est plus dénuée de ressources.*

Ce résultat s'accentue encore davantage quand il s'agit des enfants de moins de un an. Le tableau suivant en donne la preuve.

Tableau N° 16.

RUES.	DÉCÈS de 0 à 1 an. De 1873 à 1878.	NAISSANCES. De 1873 à 1878.	RAPPORT OU MORTALITÉ.
Rue Royale	9	69	13,04 %
» des Robleds	43	222	19,37
» de la Vignette	57	233	24,46
» des Étaques	70	209	33,97
» Beauharnais	13	85	15,29
» de Juliers	168	485	34,63
TOTAL des Décès pour la ville entière	7050	29969	23,52

Ainsi, *lorsque sur* 100 *enfants qui naissent, il en meurt*, avant la fin de leur première année, 13 *dans la rue Royale*, un peu plus de 15 *dans la rue Beauharnais*, près de 34 *succombent dans la rue des Étaques* et près de 35 *dans la rue de Juliers*.

Une chose importante à noter, c'est que, d'après ce qui précède, la rue des Robleds paraît avoir beaucoup gagné au point de vue hygiénique depuis 1847, puisque, à cette époque, il y mourait 50 enfants de 0 à 5 ans pour 100 naissances, tandis qu'actuellement cette mortalité n'est plus que de 35,13 %.

Cette rue n'a cependant pas été modifiée plus que ses voisines par l'agrandissement : ses habitations ne se sont guère améliorées à aucun point de vue ; le nombre de ses habitants, loin de décroître, s'est au contraire augmenté, si on en juge par le chiffre des naissances et celui des décès. D'où vient donc cette différence de mortalité ?

Cette question nous a fortement intrigué. Nous avons cherché à y répondre d'une manière satisfaisante et la seule raison qui nous paraisse valable est la suivante :

On trouve dans la rue des Robleds un grand nombre de chambres garnies, habitées par des femmes dont les mœurs sont suspectes. Ces femmes n'élèvent pas elles-mêmes leurs enfants, elles les mettent en garde et ils vont mourir ailleurs ; de sorte que le chiffre des décès, dans cette rue, paraît plus faible qu'il ne l'est en réalité.

B. — Influence de l'état-civil.

Nous avons vu dans la première partie de notre travail, que la mortalité des enfants naturels est beaucoup plus considérable à Lille que celle des enfants légitimes. En effet, il résulte du tableau N° 7, que, à nombre égal de naissances des deux catégories d'enfants, il en meurt, dans la première année, 160 illégitimes pour 100 légitimes ; de sorte que le nombre de décès des enfants illégitimes étant en moyenne de 419 par an, ce nombre serait réduit à $\frac{419 \times 100}{160}$ ou 262 si la mortalité des enfants naturels n'était pas plus grande que celle des enfants légitimes. **157** *enfants meurent donc chaque année à Lille par le fait de leur état-civil.*

Dans les rues qui nous occupent en ce moment, l'influence de l'état-civil n'est pas moins importante.

Tableau N° 17.

RUES.	ENFANTS LÉGITIMES.			ENFANTS ILLÉGITIMES.		
	DÉCÈS de 0 à 1 an De 1873 à 1878.	NAISSANCES De 1873 à 1878.	Décès par 100 naissances	DÉCÈS de 0 à 1 an De 1873 à 1878.	NAISSANCES De 1873 à 1878.	Décès par 100 naissances
Rue Royale	9	68	13,23	0	1	»
» des Robleds..	32	167	19,16	11	55	20
» de la Vignette	37	180	20,55	20	53	37,73
» des Étaques..	43	157	27,38	27	52	51,92
» Beauharnais..	11	77	14,28	2	8	25
» de Juliers....	96	321	29,90	72	164	43,9

De ces diverses rues, celle où il naît relativement plus d'enfants illégitimes, c'est la rue de Juliers qui donne 164 enfants naturels pour **321** légitimes, c'est-à-dire 1 naturel pour **2** légitimes.

Dans toutes, *la mortalité des enfants naturels* l'emporte sur celle des enfants légitimes. Cette mortalité *arrive même à être près du double de celle des enfants légitimes* $\left(\frac{51.92}{27.38}\right)$ *dans la rue des Étaques*. Donc, si la misère est pour beaucoup dans la grande mortalité des rues nécessiteuses de Lille, on peut dire que l'immoralité n'y est pas étrangère et, vu la grande natalité illégitime de certaines d'entre elles, qu'elle contribue peut-être plus que la misère à y produire le grand nombre de décès que nous venons d'y constater.

En résumé, nous pouvons conclure de cette étude comparée de la mortalité dans diverses rues de la ville, que *la misère et l'immoralité des parents sont des causes puissantes de mortalité pour les enfants du premier âge.*

C. — Influence du régime.

A côté de ces causes et comme leur faisant cortège, bien d'autres, malheureusement trop efficaces, viennent achever leur œuvre. Parmi ces dernières, *l'alimentation prématurée* est certainement la plus meurtrière.

Durant les onze années pendant lesquelles nous avons rempli les fonctions de médecin d'un des bureaux de charité de Lille et depuis que nous sommes chargé du service des maladies des enfants au dispensaire Saint-Raphaël, il nous est arrivé des milliers de fois de demander à la mère qui nous présentait un petit malade de six mois à un an : Comment le nourrissez-vous? et, presque toujours, elle répondait : « Il mange comme nous, Monsieur. » Ainsi, ce petit enfant dont les premières dents sont à peine sorties; qui, par conséquent, ne peut ni mâcher ni triturer ses aliments, il est condamné à absorber de la viande, des fruits, des légumes et surtout des pommes de terre. Sa mère l'admire quand, voulant imiter ses parents, il mange ce que leur estomac de trente ans peut à peine digérer ; c'est pour elle une preuve de sa force, de sa vitalité. Mais bientôt viennent des accidents dont la cause malheureusement n'est pas souvent soupçonnée; les aliments passent sans être digérés et leur contact amène une irritation persistante du tube digestif; la nutrition ne se fait plus ; l'enfant se dessèche ; il devient d'une maigreur effrayante : « il mange beaucoup, dit la mère, mais » cela ne profite pas » ; sa face prend un aspect ridé, caractéristique, la face voltairienne ; et si vous demandez aux parents c qu'il peut avoir ? ils vous répondent : c'est la maladie de vieillard.

Ces malheureux parents sont plus à plaindre qu'à blâmer, car ils ne savent pas ce qu'ils font, trompés par le dire des bonnes femmes du voisinage, qui prétendent que pour avoir de beaux enfants il faut leur donner tout ce qu'ils désirent. Victimes innocentes de cette ignorance ou de cette faiblesse, ces pauvres petits sont condamnés à une vie misérable de quelques mois ; et, s'ils échappent à cet empoisonnement d'un nouveau genre, c'est pour traîner plus tard, à travers les rues de la cité, leurs membres déformés par le rachitisme ou désorganisés par la scrofule.

Quant aux *nouveau-nés* qu'on dit *nourris au sein*, il ne faudrait pas croire qu'ils sont à l'abri de tout danger. Trop souvent la mère, non contente de donner à son enfant son lait à tout propos et sans aucune règle, croit nécessaire d'y ajouter des soupes ; et, pour compléter son œuvre, elle lui fait sucer dans l'intervalle un sachet de linge contenant de la mie de pain et du sucre, de telle sorte que les organes digestifs de ce pauvre petit sont toujours en action. Ce fonctionnement continuel les irrite d'abord et ne tarde pas à leur enlever toute vitalité ; de là des vomissements, des diarrhées continuelles, puis une constipation opiniâtre accompagnée d'un état de langueur et de dépérissement, dont seul un régime convenable pourrait le faire sortir.

Si l'enfant est soumis à l'*allaitement artificiel*, le danger ne devient que plus grand. Sa mère ou sa nourrice place à côté de lui, dans son berceau, un biberon rempli de lait plus ou moins frais, mélangé d'une décoction d'orge ou de pain. L'enfant suce et s'endort ; à son réveil, il suce de nouveau jusqu'à complet épuisement de sa provision qu'on renouvelle aussitôt, sans songer le plus souvent à nettoyer l'appareil qui la contient. La mauvaise qualité de l'aliment, la fermentation qui résulte de son séjour prolongé dans des appareils malpropres, la continuité d'action des organes, ne tardent pas à altérer la santé de l'enfant dont la nutrition s'alanguit, et qui passe par les diverses phases que nous venons de signaler.

Ainsi, l'expérience de tous les jours l'atteste, *l'alimentation vicieuse et l'alimentation prématurée sont, avec la misère et l'immoralité, les principales causes de mortalité pour les enfants du premier âge*. Cela résulte aussi, d'ailleurs, de la statistique de l'état civil. Cette statistique nous montre, en effet (tableau n° 8), que pendant les cinq dernières années, près de la moitié des enfants de 0 à 1 an qui sont décédés, ont succombé à des affections gastro-intestinales, c'est-à-dire à des affections qui, presque toujours, reconnaissent pour cause les écarts de régime.

D. — Influence de l'incurie et du mauvais vouloir.

Le défaut de soins, la négligence, contribuent aussi, pour une bonne part, à grossir le chiffre des décédés. D'après les statistiques de l'état civil (tableau n° 10), 1/6 *des enfants qui meurent à Lille, chaque année, succombent à des affections pulmonaires* (bronchites et broncho-pneumonies). Combien de ces enfants qui eussent évité ces maladies, si leurs mères ne les avaient abandonnés, à peine vêtus, à l'action d'un courant d'air ; si plus souvent encore, en plein hiver, au sortir de leur chambre où l'air chargé de miasmes et chauffé à outrance laisse à peine l'envie de respirer, ils n'avaient été exposés sans transition et vêtus sans intelligence, au froid extérieur !

C'est surtout dans les premiers jours qui suivent sa naissance, que l'enfant est exposé aux accidents qui résultent de l'action de la température ; sans doute la débilité constitutionnelle peut amener des accidents, mais elle n'est pas souvent une cause directe de décès; aussi pouvons-nous porter à l'appoint du refroidissement la plupart de ceux qui sont attribués à la débilité et qui entrent pour 1/8 dans la moyenne des cinq dernières années.

Enfin, une dernière cause de mortalité, c'est le *mauvais vouloir de la mère*. Il serait impossible de le nier, pour un certain nombre de filles-mères et même pour quelques femmes mariées, un enfant est une lourde charge qu'on a vue arriver avec peine et dont on ne serait pas fâchée de se voir débarrassée le plus tôt possible. Si la mère le garde chez elle, les soins qu'elle lui donne se ressentent toujours de cette arrière-pensée. Si, comme cela arrive le plus souvent, elle le met en nourrice, la personne choisie n'est pas celle qui aurait été la plus capable de remplir cet office, mais plutôt celle qui réclame le moindre salaire. Il est facile de deviner ce qui pourra s'en suivre. L'énorme mortalité des enfants illégitimes est là pour le dire.

En résumé, *les causes premières de la grande mortalité des enfants du premier âge*, dans la ville de Lille, *sont la misère, l'immoralité des parents et leur ignorance*; et comme conséquences de ces causes premières, *l'alimentation vicieuse, l'alimentation prématurée, l'incurie et le mauvais vouloir.*

CHAPITRE III.

DES MOYENS PROPRES A DIMINUER LA GRANDE MORTALITÉ DES ENFANTS DU PREMIER AGE A LILLE.

Nous avons fait connaître la mortalité des enfants du premier âge, et les causes qui la rendent si considérable dans la ville de Lille. Il nous reste à indiquer les moyens qui nous paraissent capables de la ramener à des proportions moins affligeantes.

§ 1er. — *De la misère et de l'illégitimité.*

L'étude que nous avons faite de la mortalité comparée dans quelques rues de la ville, nous a montré que la misère peut être placée au premier rang parmi les causes de cette mortalité.

En effet la misère entraîne avec elle une foule de maux, parmi lesquels nous signalerons particulièrement l'insalubrité des habitations, la débilité constitutionnelle, et surtout l'impossibilité pour les mères de nourrir elles-mêmes leurs enfants.

A. — Insalubrité des habitations.

Plus le nombre de ses enfants augmente, plus le père de famille voit s'augmenter aussi ses dépenses ; et moins par conséquent il se trouve en mesure de supporter un lourd loyer ; il résulte de là que les familles les plus nombreuses sont, en général, les plus mal logées. Dans son taudis où les lits se pressent les uns contre les autres, où se font en même temps la cuisine, la lessive et autres choses semblables, l'ouvrier respire à peine ; aussi n'est-il pas étonnant que ses enfants deviennent souvent scrofuleux.

Il est impossible en effet que des êtres humains puissent conserver leur santé dans cette atmosphère chargée d'émanations malsaines ; d'autant plus que le volume d'air accordé à chaque habitant y est réduit à ses plus extrêmes limites : Dans la rue des Etaques, le numéro 27 par exemple, pour une superficie de 130 mètres dont plus du tiers est occupé par une cour, contient 55 habitants. Seul, le rez-de-chaussée du deuxième corps de bâtiment, dont la surface est de 30 mètres carrés, abrite dix personnes La hauteur de cet appartement étant de 2 m 70 c., sa capacité est de 80 mètres cubes environ. Or comme cet appartement présente deux pièces semblables dont l'une est habitée le jour et l'autre la nuit, il en résulte que pendant la nuit chaque personne a quatre mètres cubes d'air à sa disposition. On conçoit l'infection d'un pareil appartement lorsque ses habitants y ont passé huit heures les portes fermées.

Il n'est pas facile de remédier à cet état de choses. La commission des logements insalubres a fait exécuter bien des travaux d'assainissement, mais les attributions de cette commission sont limitées à ce qui est le fait des propriétaires, et elle ne peut qu'indirectement s'occuper des locataires et du volume d'air qui leur est accordé. Il serait à désirer qu'une plus large interprétation de la loi du 13 avril 1850 lui permît de fixer le nombre maximum de locataires qui peuvent être admis dans un espace donné.

L'insalubrité des habitations est une des sources principales de la débilité constitutionnelle ; or, le tableau N° 10 attribue à cette débilité plus du 1/6 des décès des enfants de moins de 1 an.

B. — Travail en fabrique des nouvelles accouchées.

Il est une chose plus funeste encore à ces pauvres enfants, c'est la nécessité pour leurs mères du travail en fabrique.

Que l'ouvrier laborieux, sobre, et d'habitudes régulières puisse au moyen de son seul salaire élever sa famille, c'est quelquefois possible, surtout si cet ouvrier possède, avec une bonne santé, de l'ordre et de l'économie. Il n'en est pas moins certain que, trop souvent, pour trouver le moyen de nourrir ses enfants, la mère de famille, même dans un état de grossesse avancée, doit travailler dans les fabriques ; et qu'à peine accouchée de quelques jours, il lui faut y retourner. Cependant, outre les bureaux de charité qui donnent des secours aux plus nécessiteuses, plusieurs institutions charitables viennent en aide à ces pauvres accouchées.

C. — Institutions qui existent en faveur des femmes en couches.

Citons d'abord l'*institution des sœurs de la Maternité*. Établies à Lille depuis 1872, ces sœurs reçoivent dans leur maison, rue du Nouveau-Siècle, les femmes mariées qui sont près d'accoucher et qui désirent se confier à leurs soins. Ces femmes séjournent au moins neuf jours chez les sœurs après l'accouchement, et, au sortir de cet asile, reçoivent une layette pour leur nouveau-né, à moins qu'elles soient dans les conditions voulues pour en obtenir une de la Société de charité maternelle.

Les sœurs de la Maternité donnent chaque année l'hospitalité à environ 150 femmes en couches.

La *Société de charité maternelle* distribue aux mères qui sont à leur troisième accouchement, une layette composée de dix-huit pièces et d'une chemise de femme, plus une somme de 18 francs. Cette société secourt ainsi en moyenne treize à quatorze cents femmes par an.

D. — Lacune importante à combler.

Donc toute femme mariée, indigente, peut recevoir une somme qui la met elle et son enfant à l'abri du besoin pendant la première semaine qui suit l'accouchement. Au delà de ce temps, si le salaire du mari ne suffit pas pour nourrir la famille, il faut que cette femme retourne à l'usine et mette son enfant en garde; les crèches ne le recevant que vers l'âge de trois mois. Sans doute la charité privée peut lui venir en aide, mais aucune institution charitable, aucune société n'est établie dans ce but.

Il y a là évidemment une lacune importante à combler. C'est ce qu'a essayé de faire la Société industrielle de Lille à la suite d'un travail que lui avait présenté notre honorable confrère M. le docteur Houzé de l'Aulnoit [1] en engageant les fabricants à créer une caisse de secours en faveur des mères nourrices de leurs ateliers, à l'instar de ce qui se fait à Mulhouse depuis 1866; ou tout au moins à comprendre, au même titre que les autres malades, les femmes nouvellement accouchées dans la caisse générale de secours, s'ils en possèdent une pour leurs ouvriers.

Cette dernière mesure avait déjà été adoptée par MM. Thiriez

---

[1] Des avantages de la création de caisses de secours, etc. (*Bulletins de la Société Industrielle*. Lille, 1873).

frères, filateurs à Lille. Dans un article spécial de leur règlement de secours aux ouvriers malades, ces patrons charitables ont fait inscrire que « Les femmes en couches recevront les secours pendant leur absence, qui doit être de six semaines, pour bien se soigner et soigner leur nouveau-né ». Nous avons cherché à savoir si cet exemple avait été suivi. A notre connaissance rien n'a été fait, et cela n'est pas étonnant : pour qu'une idée nouvelle réussisse à s'implanter, surtout si sa mise en œuvre réclame la coopération d'un grand nombre de personnes, il faut qu'il y ait parmi ces personnes quelqu'un qui s'y intéresse d'une façon particulière et qui veuille bien y consacrer non-seulement son temps, mais encore ses propres ressources. Espérons que la ville de Lille, si féconde en cœurs généreux et compatissants, verra bientôt se réaliser en faveur des nouvelles accouchées une œuvre particulière, une société de secours mutuels par exemple, qui leur permette de s'occuper au moins pendant six semaines de leur nouveau-né. On parviendrait sans trop de peine à y intéresser les ouvrières, et les patrons ne pourraient manquer de lui accorder des subsides.

E. — Crèches.

Il existe à Lille plusieurs crèches qui reçoivent les enfants âgés de trois mois à trois ans, légitimes, et dont les mères travaillent en fabrique ou vont habituellement en journée. Ce sont :

La *crèche de la rue St-Sébastien* qui peut contenir trente enfants, et qui en possède actuellement douze à quinze.

La crèche St-Sauveur qui en contiendrait au besoin trente et qui n'en avait que quatorze quand nous l'avons visitée.

La crèche St-Joseph de Moulins-Lille qui n'a guère que vingt enfants et qui pourrait aussi en avoir une trentaine.

Citons aussi la crèche que MM. Thiriez frères ont adjointe à leur fabrique et qui est destinée aux enfants de leurs ouvrières.

Du petit nombre d'enfants qui les fréquentent, on peut conclure qu'à Lille les crèches, quoique bien organisées et très-bien tenues, ne sont pas appréciées par la population ouvrière. La redevance journalière qu'on exige des parents est cependant bien minime, puisqu'elle n'est que de 10 centimes, c'est-à-dire inférieure à celles qu'exigent les gardeuses d'enfants. Malgré cela, celles-ci sont préférées ; et la raison de cette préférence, c'est, dit-on, que la crèche est réputée une sorte d'hôpital. Or, l'hôpital est pour l'ouvrier Lillois la chose du monde qu'il redoute le plus. Une autre raison qui nous paraît plus sérieuse, c'est que la mère est exposée chaque jour à se voir rendre son enfant. S'il devient malade, l'enfant n'est pas conservé à la crèche ; sa mère qui va en fabrique ne peut le soigner elle-même, et doit dès lors le remettre entre les mains d'une gardeuse. Ce fait doit se présenter assez souvent.

Quoiqu'il en soit, nous voyons que, pour venir en aide à la misère des nouveau-nés et de leurs mères, il existe à Lille un certain nombre d'institutions qu'il est du devoir de tout homme de cœur d'encourager et de subventionner dans la mesure de ses moyens. Il serait à désirer aussi que les pauvres les connussent mieux et se rendissent compte du profit qu'ils peuvent en retirer.

F. — Des secours aux filles-mères et à leurs enfants.

Les œuvres que nous venons de citer ne s'adressent qu'aux enfants légitimes ; quant aux enfants illégitimes, ils n'ont d'autre appui que les secours publics. Ni la société de Charité maternelle, ni les sœurs de la Maternité n'accueillent les filles mères, et les crèches sont interdites à leurs enfants. Ce fait est d'autant plus regrettable que les filles mères ont généralement moins de ressources que les mères de famille elles-mêmes, et sont dès lors forcées de rentrer plus vite en fabrique. Cependant nous ne pourrions blâmer cette exclusion. Est-il possible que les dames de charité mettent sur le même pied des mères de famille qui, pour la plupart, n'ont d'autre défaut que la misère, et des filles dont l'état prouve la légèreté des mœurs? N'y aurait-il pas même de graves inconvénients à ce que des dames respectables, mais dont un certain nombre n'ont pas encore atteint l'âge mûr, se missent en rapport avec des créatures dégradées que le vice a flétries? Il faut avouer cependant que l'état de choses actuel est loin d'être satisfaisant, surtout depuis que la suppression des tours à enlevé aux filles mères les moyens de se soustraire sans crime, à la lourde charge qui résulte pour elles de nourrir leur enfant.

En effet, si l'Etat se déclare impuissant à protéger les jeunes filles contre les séducteurs qui abusent de leur innocence, grâce à des promesses trop souvent mensongères; s'il s'oppose à la recherche de la paternité ; si, grâce à la complicité d'une loi par trop commode pour les célibataires, le père d'un enfant illégitime peut se soustraire au devoir de le nourrir et de subvenir à tous ses besoins ; il est juste que les malheureuses filles mères qui restent seules chargées de ce soin, soient aidées dans cette tâche laborieuse.

A Lille, toute mère indigente peut, en adressant une demande à la Préfecture, obtenir un secours qui varie de six à huit francs par mois. Près de 400 filles mères reçoivent annuellement ce secours. Cette somme est évidemment insuffisante pour permettre à la mère de consacrer son temps à soigner son enfant, mais elle donne à l'autorité le droit de surveiller la manière dont cet enfant est nourri. Nous ne croyons pas qu'elle en ait usé jusqu'ici. Cependant il y a urgence de porter remède aux abus qui se produisent journellement

G. — Morts-nés illégitimes et morts-nés légitimes.

Cette nécessité résulte, non seulement de l'énorme mortalité des enfants illégitimes, mais encore de la disproportion qui existe entre les morts-nés illégitimes comparés aux morts-nés légitimes.

Le tableau suivant, qui comprend les morts-nés légitimes et les morts-nés illégitimes depuis 1861 par périodes de 5 années, nous montre cette différence :

Tableau N° 18.

ANNÉES.	MORTS-NÉS légitimes.	NAISSANCES légitimes.	RAPPORT.	MORTS-NÉS illégitimes.	NAISSANCES illégitimes.	RAPPORT.
1861 à 1866	1438	20181	7,37 %	430	3801	11,31 %
1866 à 1871	1654	22995	7,19 %	748	6060	12,34 %
1871 à 1876	1689	23747	7,11 %	671	5951	11,27 %
1861 à 1876	4831	66923	7,21 %	1849	15812	11,69 %

Ainsi, tandis que pour 100 naissances le nombre des morts-nés légitimes oscille à Lille entre 7,11 et 7,37 % (en moyenne 7,21 %), celui des morts-nés illégitimes oscille entre 11,27 et 12,34 % ; il est en moyenne 11,69 %.

Ou ce qui revient au même : *à nombre égal de naissances, pour* 100 *morts-nés légitimes, on compte* 162 *morts-nés illégitimes.*

On peut alléguer comme raison de ce fait que les filles mères étant en général des primipares, leurs enfants sont plus exposés que les autres à mourir en naissant ; il n'en est pas moins vrai qu'on ne peut expliquer physiologiquement le grand écart qui se trouve entre les nombres qui représentent ces deux catégories de morts-nés.

Il y a là un mystère que peuvent seuls pénétrer ceux qui savent ce dont est capable une femme qui veut à tout prix cacher sa faute et se dérober aux devoirs de la maternité.

Ces chiffres nous montrent aussi qu'*il est nécessaire de venir en aide aux enfants naturels, avant même leur naissance.*

On atteindrait ce but, d'après le Dr Drouineau, [1] en établissant à l'usage spécial des filles mères, et aux frais de l'Etat, des asiles dirigés par un médecin assisté d'un comité qui serait recruté parmi les personnes vouées aux œuvres charitables.

Ces asiles recevraient les filles mères avant leur accouchement, et seraient disposés de façon à pouvoir leur garantir le secret. Ils recueilleraient leurs nouveau-nés, et les mettraient ainsi à l'abri des dangers qui les attendent surtout dans les premiers temps de leur existence. Plus tard, lorsque la mère sortirait de l'asile, les conseils des membres du comité pourraient souvent l'amener à nourrir elle-même son enfant. Une allocation accordée aux plus dénuées de ressources, leur rendrait ce devoir plus facile. Des crèches annexées aux asiles serviraient de refuge aux petits malheureux que leurs mères voudraient absolument abandonner.

Si cette opinion devait prévaloir, il nous paraîtrait juste que les sommes destinées à l'entretien de ces asiles ne fussent pas prélevées sur les pères de famille qui ont des charges déjà trop nombreuses à supporter. Les célibataires, au contraire, auraient mauvaise grâce à se plaindre qu'on les soumît à un impôt spécial destiné à subvenir aux dépenses de ces établissements.

Nous ne doutons pas qu'on arrive par ce moyen à diminuer considérablement la mortalité des enfants illégitimes.

Un autre avantage de cette organisation serait de rendre inutile le rétablissement des tours, que réclament beaucoup de personnes des plus compétentes.

---

(1) *De l'assistance aux filles-mères et aux enfants abandonnés* (Paris, Masson, 1878).

H. — Rôle de la société Saint-François-Régis.

Quel que soit le mode d'assistance que l'on choisisse pour venir en aide aux filles mères, et par suite aux enfants illégitimes, ses effets ne seront jamais comparables à ceux que l'on obtient en amenant le père et la mère à contracter une alliance légitime. En effet, on donne ainsi à ces pauvres enfants une famille, et la statistique prouve que, dès lors, leur mortalité est considérablement abaissée.

Faciliter le mariage des indigents, régulariser les alliances clandestines, c'est donc, au point de vue purement hygiénique et humanitaire, faire une œuvre éminemment recommandable. Tel est le rôle de la Société St-François Régis.

Cette société fournit, à ceux qui réclament son assistance, les pièces exigées pour leur mariage ; elle fait les démarches nécessaires pour se les procurer, et même, acquitte au besoin les frais de la délivrance de ces pièces.

La Société de St-François Régis est établie à Lille depuis 1840. Le nombre d'alliances qu'elle a pu aider à rendre légitimes est très-considérable. Il s'élevait à 248 par an, en moyenne, de 1845 à 1850 ; puis successivement à 434 de 1855 à 1860 ; et à 531 de 1865 à 1870 ; depuis, il est resté à peu près stationnaire, et on peut l'évaluer annuellement à 530.

En résumé, pour venir en aide aux femmes en couches et sauvegarder la vie de leurs enfants, il est à désirer :

1° Que les institutions charitables spéciales, telles que celle des sœurs de la Maternité, la Société de Charité Maternelle, les Crèches, soient encouragées, protégées et subventionnées.

2° Qu'il s'établisse en faveur des nouvelles accouchées une œuvre particulière, une Société de secours mutuels, par exemple, destinée à leur procurer des ressources suffisantes pour leur permettre de rester chez elles pendant au moins six semaines et même deux mois, c'est-à-dire jusqu'au moment où leur enfant pourra être admis dans les crèches.

3° Que les subventions accordées aux filles mères soient suffisantes pour qu'elles puissent s'engager à nourrir elles-mêmes leurs enfants sous la surveillance de l'autorité.

4° Que des maisons de refuge soient ouvertes aux filles mères avant leur accouchement, et puissent recueillir les enfants de celles qui se trouveraient dans l'impossibilité de les nourrir.

5° Qu'enfin, l'on facilite le plus possible l'action des sociétés qui, comme la Société Saint-François Régis, ont pour but de régulariser les alliances clandestines et de légitimer les enfants.

L'insalubrité des habitations étant une cause puissante de mortalité, il est à désirer aussi que la commission des logements insalubres puisse étendre son action, et limiter le nombre maximum d'habitants que doit recevoir un espace donné.

§ 2. — *De l'alimentation vicieuse et de l'alimentation prématurée.*

L'ignorance qui engendre l'alimentation vicieuse et l'alimentation prématurée, n'est pas moins nuisible aux nouveau-nés que la misère. Faire connaître aux mères les vrais principes qui doivent les guider dans l'alimentation de leurs enfants, c'est par conséquent répondre à un besoin urgent, à une nécessité de premier ordre.

Quelles sont donc les bases d'une bonne alimentation pour les enfants de premier âge ? La nature elle-même a pris soin de nous les indiquer : Aussitôt après la naissance de l'enfant, la mère voit ses mamelles se remplir d'un liquide essentiellement nutritif, destiné évidemment à l'enfant qu'elle vient de mettre au monde; et, dans son propre intérêt, comme dans celui du petit être qui lui doit la vie, elle ne doit pas se soustraire au devoir sacré de l'allaitement. *Le sein maternel, telle doit donc être la source où l'enfant doit puiser sa nourriture* dans les premiers temps de son existence.

Bientôt l'enfant grandit, de nouveaux organes jusque-là rudimentaires se développent, sa bouche se garnit de dents destinées à broyer les substances qui doivent lui servir à réparer les pertes de l'organisme et permettre son accroissement. Alors seulement le lait de la mère devient insuffisant et doit être complété par une nourriture plus en rapport avec l'état des organes digestifs. Mais pour que l'enfant puisse sans péril prendre des aliments qui, pour digérer, ont besoin d'être déchirés et broyés; pour qu'il puisse se nourrir de la chair des animaux, par exemple, il faudra que ses mâchoires soient munies des dents destinées à cet usage, c'est-à-dire des canines et des molaires; qu'il ait, par conséquent, ses vingt premières dents.

Cependant, pour soulager la mère et habituer peu à peu l'estomac de l'enfant au changement de nourriture, *on pourra*, dès l'apparition des premières dents, c'est-à-dire *vers le commencement du septième mois, commencer à donner des potages légers*, additionnés de fécule, de farine d'avoine, de tapioca, etc.; vers le neuvième mois, on peut y ajouter un jaune d'œuf. A un an, l'enfant peut prendre chaque jour un œuf légèrement cuit. Quant aux jus de viandes, aux sauces plus ou moins épicées, elles nous paraissent plus nuisibles qu'utiles à cause de l'irritation des muqueuses qu'elles provoquent trop souvent.

L'estomac de l'enfant, pas plus qu'aucun autre organe, ne peut fonctionner continuellement sans éprouver de fatigue, aussi ne peut-on sans danger donner à l'enfant une nourriture trop fréquente.

L'expérience prouve que, *pendant les premières semaines, on ne doit lui donner le sein que toutes les deux heures environ;* et même, pour ménager la mère et habituer l'enfant au sommeil, une ou deux tétées lui suffisent pendant la nuit. A mesure qu'il grandit, la quantité de nourriture qu'il prend à chaque repas devient plus considérable, et ceux-ci doivent être plus éloignés. *Vers l'âge de 3 à 4 mois, l'intervalle peut être d'environ trois heures.*

La règle est absolument nécessaire si l'on veut que l'enfant se porte bien. Un enfant bien réglé est généralement calme ; il dort bien et se réveille à point pour manger.

Au contraire, celui dont les repas sont irréguliers est continuellement agité: il crie, tantôt parce qu'il a faim, tantôt parce qu'il a trop mangé ou mal digéré, de telle sorte qu'il devient fort difficile de savoir à quelle cause on doit attribuer son état de malaise.

Quelque désirable que soit l'allaitement au sein, il n'est pas toujours possible, aussi faut-il prévoir le cas où l'enfant est condamné à prendre une autre nourriture. Le lait des animaux et, en particulier, *le lait de vache ou de chèvre, frais, non bouilli et non écrémé, doivent être alors employés de préférence* à tout autre aliment. L'enfant doit les prendre au biberon qui, par les efforts de succion qu'il nécessite, détermine la sécrétion de la salive nécessaire à la digestion. Pour amener ces laits à être plus semblables au lait maternel, il est bon de les additionner de moitié d'eau pour les plus petits enfants, et de les sucrer modérément.

En espaçant convenablement l'heure des repas, en ayant soin de nettoyer le biberon après chacun d'eux, on peut espérer de voir l'enfant se porter assez bien et arriver sans trop de peine à l'âge où le lait n'est plus de première nécessité.

Cependant *l'enfant élevé au biberon*, malgré tous les soins qu'on peut lui donner, *est toujours plus exposé que les autres aux affections de l'appareil gastro-intestinal*, aux diarrhées, aux entérites et à toutes leurs conséquences. *L'allaitement mixte*, c'est-à-dire celui qui consiste à donner alternativement le sein et le biberon, *réussit beaucoup mieux* et doit même être conseillé aux mères qui se sentent trop faibles pour nourrir complétement.

Quant *aux vêtements*, nous ne pouvons être de l'avis de ceux qui, sous prétexte d'aguerrir l'enfant contre le froid, l'exposent presque nu aux intempéries de notre climat septentrional. Dans les premiers temps de sa vie, l'enfant doit toujours être muni d'une brassière de laine et avoir les membres inférieurs enveloppés d'un maillot modérément serré à la taille. Rien ne peut le préserver mieux contre l'action du froid et de l'humidité.

A cet âge où la calorification est si faible et l'organisme si délicat, il est essentiel de protéger l'enfant contre les déperditions trop grandes de chaleur. Les bronchites et les broncho-pneumonies trop fréquentes parmi nous, prouvent tous les jours les dangers d'une protection trop faible contre le froid extérieur.

Pour terminer ce que nous avons à dire sur l'hygiène des enfants du premier âge, nous ne saurions mieux faire que de citer les avis que nous trouvons dans le carnet délivré aux nourrices par la Mairie de Lille :

ACADÉMIE DE MÉDECINE.

1° Pendant la première année, la seule nourriture de l'enfant doit être le lait, celui de sa mère surtout qui est toujours préférable, ou, à son défaut, celui d'une nourrice. Le sein doit être donné toutes les deux heures, environ, et moins souvent la nuit.

2° A défaut de lait de femme, se servir de lait de vache ou de chèvre, tiède, et d'abord coupé par moitié ; puis, quelques semaines après, par quart d'eau légèrement sucrée.

3° Pour faire boire ce lait, employer des vases de verre ou de terre et les nettoyer avec soin toutes les fois qu'on s'en est servi ; ne jamais se servir de vases d'étain, qui contiennent toujours du plomb ; éviter l'usage des suçons de liége ou d'éponge que l'on met quelquefois entre les lèvres de l'enfant pour calmer sa faim ou ses cris.

4° S'abstenir des compositions diverses que le commerce recommande pour remplacer le lait.

5° Se rappeler que la nourriture au biberon ou au petit pot, *sans le secours du sein*, augmente beaucoup les chances de maladie et de mort des enfants.

6° Il est très-dangereux de donner à l'enfant, dès les premiers mois surtout, une nourriture solide : pain, gâteaux, viande, légumes, fruits.

7° Ce n'est qu'à partir du septième mois que l'on peut commencer à donner des potages, si le lait de la mère ou de la nourrice est insuffisant ; mais à la fin de la première année, il est toujours utile de donner des potages légers faits avec du lait et du pain blanc, de la farine séchée au four, du riz, des fécules, pour préparer peu à peu l'enfant au sevrage. Ce sevrage ne doit avoir lieu qu'après la percée des douze ou seize premières dents, lorsque l'enfant est en bon état de santé et pendant le calme qui suit la sortie de plusieurs dents.

8° Chaque matin, la toilette de l'enfant doit être faite avant la mise au sein ou le repas. Cette toilette doit se composer : 1° du lavage du corps et surtout des organes génitaux, qui doivent toujours être tenus propres ; du lavage de la tête, sur laquelle il ne faut pas laisser accumuler la crasse ou les croûtes ; 2° du changement de linge. La bande du ventre doit être maintenue pendant le premier mois.

9° Il faut rejeter absolument l'usage du maillot complet, qui enveloppe et serre ensemble les membres et le corps ; car plus l'enfant a de liberté dans ses mouvements, plus il devient robuste et bien conformé. Rejeter aussi tout bandage qui comprime la tête, et qui peut produire plus tard des désordres dans la santé ou l'intelligence.

10° L'enfant doit être vêtu plus ou moins chaudement, selon le pays qu'il habite et selon les saisons ; mais il faut toujours le préserver avec soin du froid et des excès de chaleur, soit au dehors, soit dans l'intérieur des habitations, dans lesquelles cependant l'air doit être suffisamment renouvelé.

11° Il n'est pas prudent de sortir l'enfant avant le quinzième jour, à moins que la température soit très-douce.

12° Il est très-dangereux de coucher l'enfant dans le même lit que sa mère ou sa nourrice.

13° Il ne faut pas trop se hâter de faire marcher l'enfant ; on doit le laisser se traîner à terre et se relever seul : il faut donc rejeter l'usage des chariots, paniers, etc.

14° On ne doit jamais laisser sans soins, chez l'enfant, les moindres indispositions (*coliques, diarrhées, vomissements fréquents, toux,* etc.); il faut appeler un médecin dès le début d'une maladie, si elle se prolonge au-delà de vingt-quatre heures.

15° En cas de grossesse présumée, toute mère ou nourrice doit cesser immédiatement de donner le sein, sous peine de compromettre la vie ou la santé de l'enfant.

16° Il est indispensable de faire vacciner l'enfant dans les trois premiers mois qui suivent sa naissance, ou même dans les premières semaines s'il règne une épidémie de petite vérole ; le vaccin est le seul préservatif de cette maladie.

Ces sages avis devraient être connus de tous. Les membres des bureaux de charité, les membres des conférences de St-Vincent de Paul, les dames de la Société de Charité maternelle, tous ceux, en un mot, qui s'occupent de bonnes œuvres, devraient se les graver dans la mémoire de manière à pouvoir veiller à ce que leurs protégées les mettent en pratique. On arriverait certainement ainsi à diminuer considérablement la mortalité des enfants du premier âge.

§ 3. — *De l'incurie et du mauvais vouloir de certaines mères à l'égard de leurs enfants.*

C'est un fait qui n'est que trop vrai, certaines mères négligent, quelques-unes par indifférence, d'autres par calcul, de soigner leurs enfants. « Trop souvent, dit M. Jules Guérin ([1]), l'alimentation des nourrissons illégitimes n'est qu'un infanticide déguisé». Les médecins qui constatent les décès peuvent, dans bien des cas, reconnaître la vérité de cette assertion.

Le dévouement que réclame la dignité de mère fait quelquefois défaut, non-seulement parmi les pauvres, mais même parmi les riches. Ne voit-on pas, en effet, des femmes qui profitent de leur fortune pour se débarrasser, sous le moindre prétexte, du soin de nourrir leur enfant et le confier à une nourrice mercenaire? Indignes du beau nom de mère, elles commettent ainsi une double faute : celle de ne pas obéir aux lois de la nature, et celle d'enlever à un autre enfant sa propre mère, et de l'exposer par là-même à toutes les chances d'une mauvaise alimentation.

Ce n'est pas sans péril que la femme se soustrait ainsi aux devoirs les plus sacrés. Les lois de la nature ne sont jamais impunément transgressées. Quand la mère nourrit, l'organe qui contenait l'enfant, l'utérus, où se portaient en abondance les liquides destinés à la nutrition de l'enfant, se décongestionne tout naturellement; par suite de la sympathie qui unit cet organe aux mamelles, le courant se déplace et se porte vers celles-ci. On conçoit que si la mère renonce à l'allaitement, les choses ne se passent pas de la même manière et que l'utérus reste plus souvent engorgé.

---

(1) Académie de Médecine (Discussion sur la mortalité des enfants).

Dans son propre intérêt, la nouvelle accouchée ne doit donc pas se décharger trop facilement de ses devoirs de mère.

Dans les cas rares où leur accomplissement lui est impossible, elle doit au moins se souvenir qu'en prenant une nourrice, elle prive un enfant du lait de sa mère, et il est de son devoir de veiller à ce que cet abandon ne soit point trop préjudiciable au petit être ainsi délaissé.

L'allaitement maternel étant surtout nécessaire à l'enfant pendant les premiers mois de son existence, il nous paraîtrait désirable que chacun se fît un devoir de n'accepter comme nourrice que les femmes ou filles-mères dont les enfants seraient âgés d'au moins deux à trois mois. Le bon état de ces enfants serait d'ailleurs une garantie de la valeur du lait de leur mère.

Les mères favorisées des dons de la fortune doivent aux autres l'exemple; et si toutes étaient fidèles à leurs devoirs, les autres seraient moins portées à les oublier.

Cependant il existera toujours des mères dénaturées qui négligeront de donner à leurs enfants les soins que réclame leur faiblesse.

Le meilleur moyen de conserver à la vie les enfants dont les mères sont aussi incapables ou aussi perverses, serait de leur ouvrir un asile. A ce point de vue, *le rétablissement des tours* serait désirable, mais ce rétablissement offrirait à Lille des inconvénients particuliers : la proximité de la frontière belge rendant facile le dépôt d'enfants venant des pays étrangers.

On parerait à cet inconvénient en adoptant le système indiqué par M. Nourrisson (1) et qui consiste à adopter une solution intermédiaire entre le secret absolu du tour et le système actuel : Un médecin choisi par l'Administration recevrait sous le sceau du

---

(1) Académie des Sciences morales et politiques (Discussion sur le rétablissement des tours).

secret la déclaration de la mère qui ne pourrait ou ne voudrait pas garder son enfant, et délivrerait, s'il le trouvait convenable, l'autorisation de le déposer à l'hospice.

Soulager la misère, éclairer l'ignorance, donner le bon exemple, tels sont donc les devoirs que les classes privilégiées de la société doivent remplir à l'égard des pauvres. Les nouvelles accouchées, et les petits enfants ont surtout droit à leur assistance à cause de leur faiblesse.

Secourir les filles mères, à la condition d'exercer une surveillance bienveillante mais sérieuse sur leur manière d'élever leurs enfants ; recueillir ceux de ces enfants dont les mères ne peuvent ou ne veulent se charger, telles sont les obligations qui incombent à l'autorité publique dans les conditions actuelles de la société.

Qu'on ne s'y trompe pas, la conservation des enfants nouveau-nés est non seulement un devoir de charité, un acte d'humanité, c'est une chose éminemment patriotique.

Les enfants, a-t-on dit avec vérité, sont la richesse des nations ; or les peuples qui nous entourent s'accroissent beaucoup plus rapidement que nous. Il y là un danger que nous ne pouvons conjurer qu'en mettant tous nos soins à conserver nos enfants. Nous amassons, il est vrai, plus de capitaux que nos voisins, mais l'expérience nous a malheureusement appris que, pour mettre ces capitaux à l'abri des convoitises, il faut beaucoup d'hommes.

Prenons garde d'en manquer.

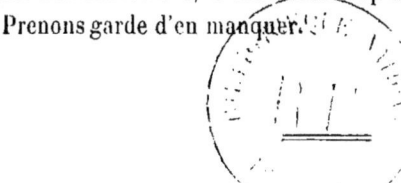

TABLE DES MATIÈRES.

	pages
Préliminaires	5

CHAPITRE I. — De la mortalité des enfants du premier âge dans la ville de Lille 7

§ 1. — De la mortalité en général 7

§ 2. — De la mortalité des enfants à Lille 9
    A. Mortalité annuelle.. 9
        Échelle de mortalité des enfants de moins de un an, à Lille, de 1854 à 1878.
    B. Mortalité dans les différents mois de l'année 13
        Échelle représentant le nombre de décès par mois des enfants de moins de un an, de 1861 à 1878.
    C. Mortalité mensuelle comparée à la natalité mensuelle.......... 15
    D. Mortalité par âge.. 16
    E. Mortalité par état civil 18
    Conclusions... 20

CHAPITRE II. — Des causes de la mortalité des enfants du premier âge à Lille 23

§ 1. — Causes de décès d'après les statistiques des médecins de l'état civil. 23

§ 2. — Causes de décès d'après les statistiques faites en vue de la protection des enfants du premier âge......................... 28

§ 3. — Des causes de décès au point de vue hygiénique 30
    A. Influence de la misère (mortalité comparée dans diverses rues).. 30
    B. Influence de l'état civil..................................... 37
    C. Influence du régime.. 39
    D. Influence de l'incurie et du mauvais vouloir 41
    Résumé.. 42

CHAPITRE III. — Des moyens propres à diminuer la grande mortalité des enfants du premier âge à Lille................ 43

§ 1. — De la misère et de l'illégitimité............ 43
    A. Insalubrité des habitations................................. 44
    B. Travail en fabrique des nouvelles accouchées............... 45
    C. Institutions qui existent en faveur des femmes en couches..... 45
    D. Lacune importante à combler............................. 46
    E. Crèches... 47
    F. Des secours aux filles-mères et à leurs enfants.............. 48
    G. Morts-nés illégitimes et morts-nés légitimes................ 49
    H. Rôle de la société Saint-François-Régis.................... 52
    Résumé.. 52

§ 2. — De l'alimentation vicieuse et de l'alimentation prématurée...... 53

§ 3. — De l'incurie et du mauvais vouloir de certaines mères à l'égard de leurs enfants... 59

Conclusions 61

Lille-Imp. L. Danel.

I – *Echelle de mortalité des enfants de moins de 1 an dans la ville de Lille de 1854 à 1878.*

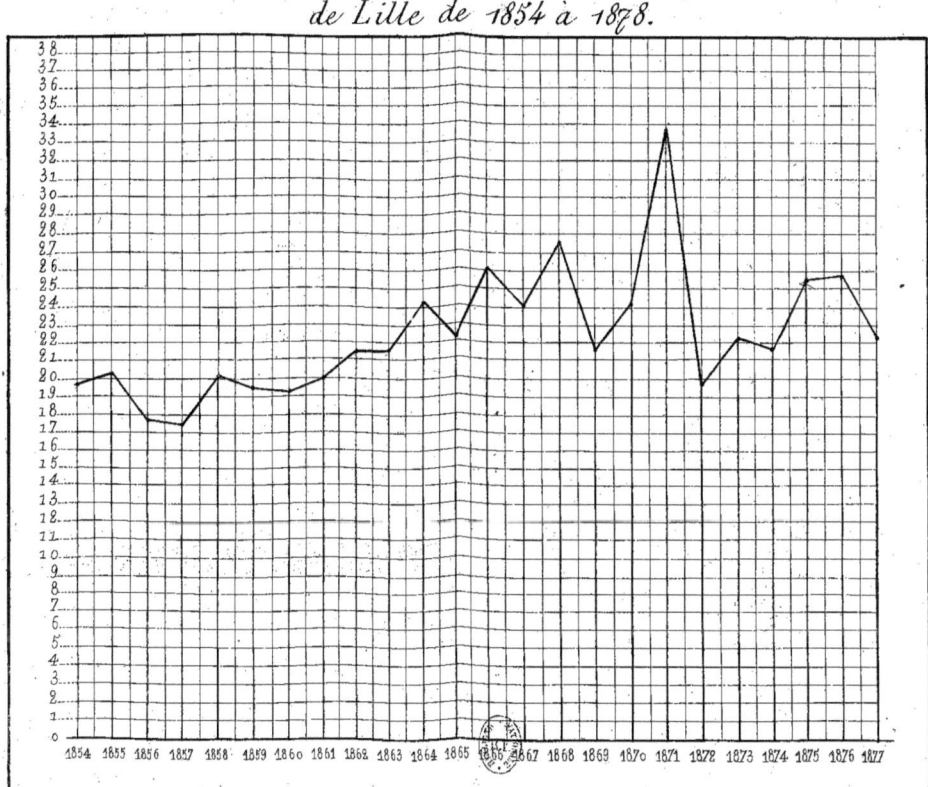

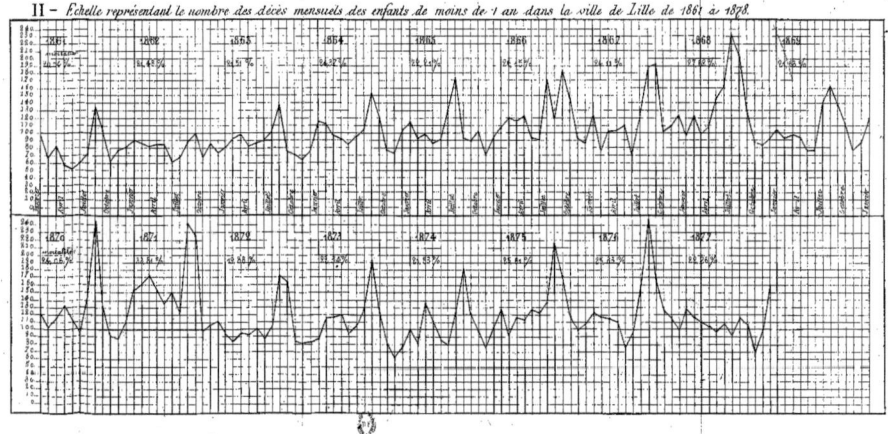

II - Échelle représentant le nombre des décès mensuels des enfants de moins de 1 an dans la ville de Lille de 1861 à 1878.

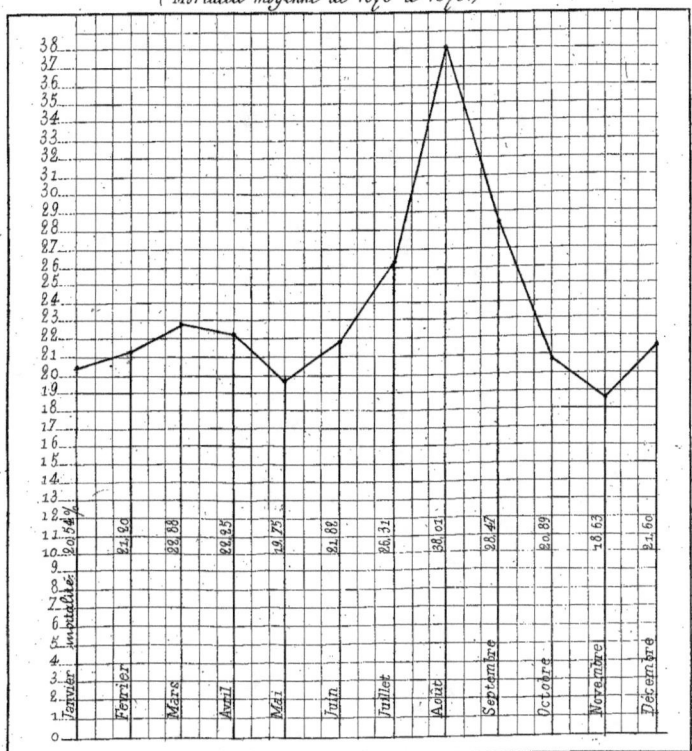

III — Echelle de mortalité mensuelle des enfants de moins de 1 an, à Lille.
(Mortalité moyenne de 1873 à 1878.)

www.ingramcontent.com/pod-product-compliance
Lightning Source LLC
LaVergne TN
LVHW051515090426
835512LV00010B/2532